Les animaux
de notre jardin

texte de
Meindert de Jong

Chantecler

Mésange charbonnière

Les habitants les plus connus de nos jardins sont les oiseaux, très décoratifs grâce à leurs belles couleurs. Leur chant est bien agréable. De nombreuses espèces sont utiles car elles mangent divers insectes nuisibles. C'est assurément le cas des mésanges. Ces petits oiseaux mesurent entre 10 et 15 cm. Leur bec est très dur et pointu.

La plus grosse mésange de nos jardins est la mésange charbonnière. Elle est facile à reconnaître grâce à son ventre jaune et noir, son petit chapeau noir, son dos vert et ses joues blanches.

Elle niche généralement dans un trou qu'elle trouve dans un arbre ou un mur. Elle s'installe même parfois dans des boîtes aux lettres. Le mâle participe à la construction du nid en récoltant de la mousse, des poils et du duvet. La femelle pond souvent deux fois par an. Elle couve les œufs pendant que le mâle s'occupe de la nourriture. Les jeunes sortent après quinze jours environ. Ils sont alors nourris par les deux parents, à l'aide de chenilles surtout. Les adultes mangent aussi d'autres insectes comme des pucerons. C'est pourquoi ce sont des hôtes très appréciés.

Mésange bleue

Cette mésange est souvent confondue avec sa cousine, la mésange charbonnière. Pourtant, en faisant bien attention, il est facile de les distinguer. La mésange bleue est un peu plus petite. Elle est jaune aussi, mais sa calotte est bleue. De plus, son ventre n'est pas traversé par une bande noire. Comme toutes les mésanges, celle-ci est un véritable acrobate.

En fait, elle vit normalement dans les bois, où elle niche dans des trous. Pour l'attirer dans nos jardins, il faut donc y planter suffisamment d'arbres et de buissons. Elle apprécie aussi beaucoup les nichoirs.

En hiver, des mésanges de différentes espèces vivent en groupes. Elles se laissent alors nourrir par l'homme. Elles raffolent des cacahuètes et des boules de graisse. Il ne faut leur donner à manger que lorsqu'il gèle ou quand il neige. Lorsque le temps le permet, il vaut mieux qu'elles se débrouillent seules. De plus, elles nous débarrassent alors de beaucoup d'insectes.

Pour leur nid et leurs petits, elles agissent comme la mésange charbonnière. Relis donc la page précédente.

Moineau

Les moineaux aiment la compagnie de l'homme et vivent donc dans les jardins publics. Ils y trouvent toujours assez de nourriture: des miettes de pain et des déchets. Ils mangent aussi des insectes et des graines. Les mâles ont un chapeau gris foncé et portent un petit col noir, les femelles, pas.

Le friquet, un moineau des champs, est souvent confondu avec le moineau franc, ou pierrot. Sa calotte est pourtant brune et il n'a pas de col. De plus, il a une tache noire sur ses joues claires. Les pierrots peuvent être très bruyants, surtout au printemps lorsque le temps des amours commence. Les femelles sont alors assaillies par les mâles qui pépient à tue-tête.

Ils adorent se baigner dans les flaques ou les gouttières. Si tu mets une assiette peu profonde avec un peu d'eau dans le jardin, les moineaux la prendront vite pour une piscine.

Ils construisent leur nid sous des tuiles, dans les arbres, dans des creux ou dans des nichoirs. Ils utilisent des brins d'herbes, des poils ou des plumes qu'ils n'arrangent pas avec beaucoup de soin. Les femelles pondent trois fois par an, quatre ou cinq œufs.

Pinson

Il existe des pinsons de toutes les couleurs. Ces petits oiseaux chanteurs ont un bec court et assez gros pour bien éplucher les graines dont ils se régalent. Le pinson de la photo, le plus commun, est très courant dans nos jardins. Le mâle a la tête et le cou bleu-gris, le ventre roux et le croupion, vert. La femelle ressemble, de loin surtout, à un moineau du même sexe. En l'observant mieux, tu découvriras que son dos est brun-vert et qu'elle a deux bandes blanches sur les ailes, tout comme le mâle d'ailleurs. Au printemps surtout, les mâles se mettent à chanter gaiement. Leur chant diffère selon les régions. Il paraît que les pinsons ont différents dialectes!

Ils nichent dans les arbres et les buissons. Leurs jolis nids sont faits de mousse recouverte de poils.

Les adultes sont granivores, mais ils nourrissent leurs petits d'insectes, plus faciles à digérer.

En hiver, les mâles et les femelles vivent souvent en groupes séparés. Ils se mêlent parfois à d'autres espèces de la même famille, comme des bruants et des pinsons d'Ardennes.

Merle

Le merle apprécie particulièrement les jardins pour nicher. Il installe de préférence son nid en forme de cuvette dans les haies ou les buissons touffus. Mais tu peux aussi en trouver dans des granges ou des abris.

Les merlettes pondent deux ou trois fois par an. Il arrive cependant que certains couples aient cinq fois des jeunes par saison! Les petits — trois à cinq par ponte — sont nourris par les deux parents. Même lorsqu'ils ont quitté le nid, ils viennent encore y réclamer de la nourriture. Ils ne sont pas faciles à élever!

Le mâle est noir comme jais et son bec est jaune. La femelle est brune jusqu'au bec.

Les merles font partie de la famille des grives, tout comme les rossignols. Ces trois cousins sont d'excellents chanteurs. Au printemps, le chant matinal du merle domine celui de tous les autres oiseaux.

Tu verras souvent le merle courir dans la pelouse puis s'arrêter brusquement pour attraper un ver ou une larve. Il est vraiment très amusant d'observer comme il est adroit.

Chardonneret

Le phénix de la famille des pinsons est le chardonneret. Il est malheureusement assez rare et vit surtout à la côte et dans l'Est du pays.

Si tu as la chance d'en voir un dans ton jardin, tu le reconnaîtras immédiatement à sa tête rouge vif ornée de taches blanches sur les joues et d'un chapeau noir. Les ailes aussi sont facilement reconnaissables: noires tachées de jaune.

Autrefois les chardonnerets étaient capturés pour être mis en cages. Ils étaient non seulement très décoratifs mais chantaient aussi fort bien. Certains parvenaient même à leur apprendre à puiser leur eau au moyen d'un petit seau.

Leur nom provient de leur prédilection pour les chardons. Leur menu se compose également de graines de pissenlits, de bouleaux et d'aulnes. Ils récoltent généralement leur nourriture en groupes. Ils perchent souvent leurs nids dans des arbres très hauts. Les femelles pondent deux ou trois fois par an et couvent leurs œufs seules. Le père participe cependant à l'alimentation des oisillons qui mangent principalement des insectes.

Hirondelle

Les hirondelles sont des oiseaux très rapides et très élégants. Leur corps est aérodynamique et leurs longues ailes, pointues. Les pattes et le bec sont très courts. Elles sont conçues pour attraper des insectes en plein vol. Les trois espèces nationales les plus courantes sont l'hirondelle de cheminée, des rivages et de fenêtre. La plus grande, l'hirondelle de cheminée (20 cm), se reconnaît aisément à sa gorge rouge et à sa queue bien fourchue. L'hirondelle des rivages (12 cm) a le dos brun et le ventre blanc. Elle niche dans de longs couloirs qu'elle creuse dans les rives abruptes. L'hirondelle de fenêtre (13 cm) a le haut de la tête et le dos bleu foncé tandis que son ventre et son croupion sont blancs. Pour faire son nid, elle utilise de petites mottes d'argile qu'elle maçonne avec sa salive. Elle maçonne ainsi un bel édifice sous un appui de fenêtre ou une gouttière. Elle ne niche que sur des murs extérieurs et souvent en groupe.
Lorsque les hirondelles ne trouvent plus d'insectes, elles partent pour les pays chauds. Dès l'automne elles se rassemblent pour aller passer l'hiver en Afrique.

Rouge-gorge

Les rouges-gorges sont immédiatement reconnaissables grâce à leur... gorge rouge! Ils aiment particulièrement les jardins pleins d'arbres et de buissons. Ils sont réputés pour la violence avec laquelle ils défendent leur territoire. Les mâles font entendre toute l'année leur chant pénétrant. Les femelles préfèrent chanter l'hiver. Elles disposent aussi d'un territoire propre, tout comme les mâles. Lorsque des intrus arrivent, les rouges-gorges bombent leur torse, poussent des cris aigus et n'hésitent pas à se battre. Peu avant l'époque de la ponte, les mâles et les femelles se font la cour. Ils construisent ensuite un nid de mousse et de feuilles, de préférence au niveau du sol, dans des trous ou entre des pierres. Ils nichent aussi dans des arbres creux ou dans des nichoirs.
Les rouges-gorges pondent généralement trois à sept œufs, deux fois par an. Les jeunes n'ont pas la gorge rouge et sont tachetés de brun.
Ils sont très voraces. Leur mets préféré se compose de vers et de larves. Les parents mangent aussi des baies et des graines, surtout en hiver.

Taupe

Les taupinières peuvent être bien encombrantes dans les jardins. Elles sont formées de la terre rejetée par les taupes qui creusent leurs galeries. Leur living se trouve généralement sous le plus gros monticule.

Pour creuser, la taupe possède deux solides pattes antérieures armées de longs ongles.

Toute la forme de son corps est d'ailleurs adaptée à sa vie souterraine. Ses poils ne poussent pas d'avant en arrière, mais dans tous les sens. Ceci lui permet de se déplacer même à reculons dans ses galeries. Ses oreilles n'ont pas de pavillons et ses yeux sont minuscules. Dans le sol, elle n'a pas besoin de voir car elle a le nez très fin mais à la surface, elle est vraiment myope! Heureusement, elle a aussi des moustaches très sensibles.

La taupe se nourrit surtout d'insectes, de larves et de vers qu'elle stocke d'ailleurs dans des pièces séparées. Elle préfère les vers vivants, mais pour qu'ils ne s'enfuient pas, elle les décapite. On trouve des taupes dans la plus grande partie de l'Europe et en Asie du Nord.

Hérisson

Tu as sûrement déjà vu un hérisson écrasé sur la route. Ce genre d'accident leur arrive malheureusement souvent. Les hérissons sont de vrais animaux nocturnes qui ne partent à la chasse qu'à la tombée de la nuit. Ils se déplacent alors assez bruyamment dans les buissons. Ils recherchent des insectes, des vers, des limaces mais aussi des grenouilles. Ils engloutissent même parfois des vipères sans être incommodés par leur venin.

Les hérissons fréquentent aussi les jardins, même dans les villes. Si tu leur donnes à boire ou à manger, peut-être reviendront-ils souvent.

Les milliers de piquants qui couvrent leur dos sont en fait des poils durcis. Les poils des jeunes hérissons sont encore tout doux. En cas de danger, le hérisson se roule en boule. Peu d'animaux osent s'y frotter alors.

En été, les hérissons mangent tellement qu'ils deviennent bien gros. En hiver, ils dorment dans un trou souterrain ou sous un tas de feuilles. Ils se nourrissent alors jusqu'au printemps des réserves de graisse accumulées sous leur peau.

Souris

Les souris gênent bien des ménagères, surtout dans les maisons sans chat.

Ce petit rongeur de 10 cm de long a une queue nue presque aussi longue que son corps. Sa fourrure est gris-brun et son nez, bien pointu. Le jour, les souris se cachent sous les planchers ou dans des fentes. La nuit, elles partent à la recherche de nourriture. Elles mangent de tout: aliments, déchets, graines. Elles vivent souvent en colonies dans les entrepôts, par exemple ou dans les étables. Elles causent alors beaucoup de dégâts par les énormes quantités d'aliments qu'elles mangent. Elles détruisent aussi des objets en les rongeant et salissent tout.

Elles se reproduisent très vite. La femelle met bas cinq à six fois par an. Chaque nid comprend quatre à huit souriceaux tout nus qui grandissent très vite et peuvent avoir des jeunes à leur tour après sept semaines environ.

Essaye un peu de calculer combien de souris tu peux obtenir en un an en commençant avec un seul couple! Peut-être ton instituteur ou ton institutrice pourront-ils t'aider!

Rat noir

Les deux espèces de rats que l'on trouve dans les maisons et dans les jardins sont le rat noir et le surmulot que l'on appelle aussi rat d'égout.

Le premier recherche en particulier les greniers, les granges ou les entrepôts. Il mesure environ 23 cm et sa queue est plus longue que son corps. Autrefois, il ne vivait que dans le Sud de l'Asie, dans les arbres surtout. C'est d'ailleurs un excellent grimpeur. Maintenant, on le rencontre un peu partout, mais il reste moins courant que le surmulot. Ce dernier est brun et plus grand que son cousin noir. On l'appelle rat d'égout parce qu'il fréquente souvent ce genre d'endroit. Il nage et plonge aussi fort bien.

Les rats sont des animaux nuisibles. Ils dévorent tout ce qui est comestible et rongent tout ce qui leur tombe sous la dent. Ils peuvent aussi transmettre des maladies dangereuses comme la spirochétose.

Comme la plupart des rongeurs, les rats se reproduisent à une vitesse incroyable. Ils ont deux à six portées par an et mettent chaque fois au monde quatre à vingt jeunes.

Crapaud

Beaucoup de gens trouvent les crapauds répugnants. Cette répulsion provient de la forme de leur gros corps lourd et de leur peau verruqueuse qui peut sécréter une substance toxique. Et pourtant les crapauds sont des animaux intéressants. Parmi les espèces qui vivent chez nous, le crapaud commun ici représenté est le plus courant.

Très tôt au printemps, les crapauds se réveillent de leur sommeil hivernal. Ils sortent de leur trou souterrain et se dirigent vers certains étangs. Malheureusement, beaucoup d'entre eux n'atteignent jamais l'eau. Ils sont souvent écrasés par des chauffards.

Les femelles pondent des œufs disposés en chapelets, par série de deux généralement, comprenant chacun 1000 à 6000 œufs. Au moment de la ponte, le mâle se met sur le dos de la femelle et féconde les œufs dès leur sortie.

Le crapaud commun est un animal nocturne. A la nuit tombée, il part à la chasse d'insectes, de limaces et de vers. Il apparaît régulièrement dans les jardins, surtout dans les endroits bien abrités.

Grenouille verte

Tout comme le crapaud, la grenouille verte est un amphibien. Ce mot compliqué vient du grec et signifie "vie des deux côtés". Les grenouilles et les crapauds peuvent en effet vivre aussi bien sur terre que dans l'eau.

La grenouille verte est bien plus souvent dans l'eau que le crapaud. Sa peau est lisse et gluante et doit rester toujours humide. Elle lui permet d'absorber l'oxygène de l'eau. Sur terre, la grenouille respire aussi par ses poumons. Elle hiberne dans le fond d'un fossé ou d'une mare. Le peu d'oxygène dont elle a besoin alors, lui parvient uniquement par l'intermédiaire de la peau.

Tu as sûrement déjà vu des têtards. Ce sont les larves des grenouilles et des crapauds. Ils ne ressemblent pas du tout à leurs parents. Au début, ils ont des branchies. Puis ils attrapent des poumons et des pattes antérieures; ensuite, des pattes postérieures et enfin, ils perdent leur queue. La grenouille de la photo est un mâle. Tu peux le reconnaître grâce à ses énormes sacs vocaux qui lui permettent de coasser. Les grenouilles et les crapauds sont des animaux protégés.

Citron

Les insectes les plus voyants de nos jardins sont les papillons. Leurs belles couleurs sont vraiment très décoratives. On en distingue plus de cent espèces en Belgique et en France.

Les papillons ont tous quatre ailes, généralement couvertes d'écailles colorées. Certains papillons possèdent des écailles parfumées qui leur permettent d'attirer les membres de l'autre sexe de la même espèce. Les papillons sentent avec les antennes qu'ils portent sur la tête. Le mâle peut parfois sentir une femelle à une distance de plus d'un kilomètre.

Le joli papillon jaune de la photo est un citron. Lorsque le temps est beau, tu peux le voir voleter dans le jardin, dès le début du printemps.

Le mâle est jaune clair et a une tache orange sur chaque aile. La femelle est vert clair et pond généralement sur les feuilles des bourdaines ou des nerpruns.

Les citrons passent l'hiver sous un tas de feuilles mortes. Ils sont alors tout raides et semblent morts mais ils peuvent résister ainsi aux mois les plus froids.

Piéride du navet

Ce petit papillon fait partie de la famille de la piéride du chou, plus connue. Il est cependant un peu plus petit et porte des écailles sombres sur la nervation de l'envers des ailes.

Il pond ses œufs sur les feuilles de crucifères. Les chenilles qui sortent de ces œufs sont très voraces et peuvent provoquer d'importants dégâts dans nos cultures.

Pour pouvoir grandir, les papillons doivent muer, c'est-à-dire changer de peau. Ils muent généralement quatre fois. Lorsque la chenille est suffisamment grosse, elle se tisse un cocon et devient chrysalide. A l'intérieur du cocon, la chenille se transforme peu à peu en papillon. Lorsque le cocon s'ouvre, le papillon fait son apparition. Sous l'effet de la pression du sang dans les veines de ses ailes, celles-ci se déploient. Quelques heures plus tard, le papillon est prêt à s'envoler. Cette évolution d'œuf en chenille, puis en chrysalide et enfin en papillon, s'appelle une métamorphose complète.

Les petites piérides volent dans les jardins et dans les prés, entre avril et septembre.

Mouche

Les mouches sont généralement des insectes gênants. La mouche domestique envahit nos maisons et y dévore tous les déchets. Elle pond ses œufs dans la nourriture ou dans les restes d'aliments. C'est pourquoi tu trouveras des mouches partout où il y a des hommes.

Comme beaucoup d'autres espèces, la mouche domestique peut transmettre des maladies. Elle fréquente en effet les ordures et tous les matériaux en décomposition avant de se poser sur nos aliments et d'y laisser des bactéries. Il faut donc toujours bien protéger la nourriture et ne rien laisser traîner. La mouche bleue (mouche à viande) est aussi bien connue. Les femelles pénètrent souvent dans les maisons en vrombissant. Elles recherchent le fromage et la viande, notamment pour y pondre leurs œufs.

La mouche charbonneuse ou stomoxe est vraiment dangereuse. Elle pique même à travers les vêtements.

Les mouches ont les pattes armées de petits crochets et de ventouses, qui leur permettent de s'agripper aux surfaces les plus lisses ou même de se promener au plafond.

Paon du jour

Le paon du jour est un joli papillon très facile à reconnaître grâce aux grands "yeux" qu'il porte sur chacune de ses quatre ailes. Ces yeux ne lui servent évidemment pas à regarder! Ils lui permettent en fait d'effrayer d'éventuels ennemis et surtout les oiseaux. Lorsqu'il se repose les ailes repliées, le paon du jour est très discret. L'envers de ses ailes est en effet brun foncé. Lorsqu'un oiseau s'approche un peu trop, le papillon s'envole brusquement. Il montre ainsi ses grands "yeux" et fait un peu peur à l'oiseau! Souvent, il réussit à s'échapper de cette façon.

Les papillons se protègent aussi par d'autres moyens. De nombreuses espèces ont des couleurs qui leur permettent de se camoufler. C'est le cas de beaucoup de papillons de nuit.

L'apiforme ressemble étrangement à une guêpe. Grâce à cela, les oiseaux ont peur de se faire piquer bien que ces papillons n'aient pas de dard. Il s'agit d'insectes inoffensifs qui aiment se poser sur les peupliers.

Les paons du jour hibernent souvent dans les greniers ou dans les caves.

Lucilie

Les lucilies vertes sont souvent appelées mouches à viande. Elles entrent rarement dans les maisons. Elles préfèrent butiner les fleurs. Les femelles pondent dans des cadavres d'animaux ou sur des excréments. Elles le font même parfois dans des blessures d'animaux ou d'hommes. Heureusement, cela arrive rarement en Europe occidentale.

Des larves apodes (sans pattes) sortent assez vite des œufs. Elles se nourrissent des déchets ou de la viande sur lesquels elles se trouvent. Après quelques semaines, elles deviennent nymphes avant de devenir mouches adultes. Les mouches subissent donc une métamorphose comme les papillons. Mais chez ces derniers, les nymphes sont appelées chrysalides et les larves, chenilles.

La lucilie des bois fait partie de la même famille que la mouche verte. Elle représente un véritable fléau pour les grenouilles et les crapauds. Elle pond en effet ses œufs dans leurs narines. Les larves qui en sortent pénètrent dans le corps de leurs malheureuses victimes et les dévorent complètement de l'intérieur. Sympathique, non?

Criquet

Tu as sûrement déjà entendu parler de gigantesques essaims de criquets qui dévoraient tout sur leur passage. Ces essaims comprennent des millions d'insectes qui semblent obscurcir le soleil lorsqu'ils passent. Il s'agit en général de criquets migrateurs africains. Dans certaines régions d'Afrique, ils provoquent la famine. Des criquets migrateurs vivent dans nos pays aussi, mais en petit nombre heureusement. Sur la photo, tu vois une sauterelle. Cette espèce mesure environ 5 cm de long et porte de longues antennes sur la tête. Les femelles sont équipées d'une longue tarière qui leur permet de pondre leurs œufs dans la terre meuble.
Grâce à leurs longues pattes postérieures, les sauterelles peuvent faire des bonds énormes. Elles volent aussi très bien. Généralement elles préfèrent grimper sur les plantes pour chasser. Elles se nourrissent de petits insectes, mais aussi de jeunes pousses. Grâce à leur couleur, elles se camouflent facilement. Pour les trouver, il vaut mieux tendre l'oreille. Les mâles chantent ou stridulent pour attirer les femelles. Pour cela, ils frottent leurs ailes l'une contre l'autre.

Bourdon

Le bourdon fait partie de la famille de l'abeille et vit aussi en sociétés. Au début du printemps, ces sociétés ne comprennent qu'une seule femelle, la reine. Celle-ci installe un nid dans le sol à une profondeur pouvant aller jusqu'à 1,5 m. Elle le recouvre de mousse et de feuilles, puis fabrique une alvéole au moyen de cire sécrétée par des glandes abdominales. Elle remplit ce petit trou de nectar et de pollen et enfin, y pond ses œufs, puis le ferme au moyen d'un petit couvercle de cire. Les larves qui sortent des œufs sont nourries par la reine au moyen de miel. Elles grandissent et deviennent nymphes, puis ouvrières.

Celles-ci ont un dard, mais elles ne piquent qu'en cas d'extrême urgence. Elles sont chargées de faire les réserves de nourriture pendant que la reine reste au nid pour pondre. La colonie comprend finalement environ 150 ouvrières et 100 ''jeunes filles''. A la fin de l'été, une série de mâles naissent pour féconder les jeunes femelles. Les mâles, les ouvrières et les vieilles femelles fécondes meurent ensuite et seules les jeunes femelles hibernent. Au printemps, chacune d'entre elles fondera une nouvelle ruche.

Abeille

Les abeilles vivent au sein de grandes communautés, généralement dans une ruche, chez des apiculteurs. Ceux-ci les élèvent pour la production de miel et de cire.

Une bonne ruche peut compter 80.000 abeilles en été. La plupart d'entre elles sont des ouvrières, des femelles stériles. Les quelques mâles sont appelés faux bourdons et la reine est la seule femelle féconde.

La reine se contente de pondre des œufs; à peu près un millier par jour. Les ouvrières la nourrissent, construisent les alvéoles de cire, s'occupent des larves et vont récolter le pollen et le nectar. En été, elles sont rapidement épuisées et ne vivent pas plus de 4 à 6 semaines. La reine peut atteindre l'âge de 4, 5 ans. Elle hiberne dans la ruche avec les ouvrières nées à la fin de l'été. Les mâles qui ont fécondé la reine sont exclus de la ruche en automne et doivent mourir.

Les ouvrières ont également emmagasiné des réserves pour l'hiver. Avant l'hiver, l'apiculteur retire le miel des rayons et donne en échange de l'eau sucrée.

Syrphe

Il existe beaucoup d'espèces de syrphes. Ils volent particulièrement
bien et peuvent même faire du sur-place. Leurs ailes battent alors
à une telle vitesse qu'elles deviennent presque invisibles. Ils démar-
rent ensuite brusquement pour s'arrêter de nouveau un peu plus
loin.

Leur corps est généralement orné d'anneaux noirs et jaunes et
tu pourrais les confondre avec des guêpes. Mais ce déguisement
les protège des oiseaux qui croient qu'ils piquent.

Il s'agit d'insectes inoffensifs, se nourrissant de pollen et de nectar.
En été, les fleurs sont parfois envahies par des essaims de syrphes.
Tout comme les abeilles, ils transportent ainsi le pollen de fleur
en fleur.

Ils pondent généralement sur des feuilles envahies par les pucerons.
Leurs larves sont très utiles car elles dévorent ces parasites.

Les larves de certains syrphes sont aquatiques. C'est le cas du
"ver à queue de rat", la larve de l'éristale gluante. Il possède
une longue trachée télescopique qu'il peut faire sortir de l'eau
pour aller chercher de l'air. Il vit dans les eaux polluées.

Coccinelle

Tu as peut-être déjà entendu dire que le nombre de points d'une coccinelle indiquait son âge, mais c'est faux. Le nombre de points sur les élytres des coccinelles dépend en fait de l'espèce. Il y a des coccinelles à deux, à sept et à vingt-deux points, par exemple. Les ''bêtes à bon Dieu'' sont très utiles dans nos jardins. La femelle pond ses œufs sur des plantes attaquées par les pucerons ou par les cochenilles. Les larves qui en sortent trouvent ainsi immédiatement la nourriture qu'il leur faut. Jusqu'au stade de nymphe, chaque larve détruit des centaines de pucerons et au stade adulte, la coccinelle en mange encore plus. Il faut donc protéger ces petits coléoptères car ils sont les amis de nos plantes. Les pucerons colonisent littéralement les plantes dont ils sucent le suc. Celles-ci se développent alors fort mal et finissent même parfois par mourir. Pour se débarrasser de ces parasites, beaucoup d'entre nous emploient des insecticides. Mais il vaut mieux ne pas utiliser trop de produits chimiques dans le jardin. Ils pourraient gêner d'autres animaux que nous ne voulons pas détruire. Préférons donc les coccinelles!

Carabe

Les coléoptères sont des insectes dont les élytres sont durs. Ces élytres ne sont pas des ailes et ne conviennent pas pour voler. Mais ils protègent le corps des coléoptères. Une deuxième paire d'ailes est généralement cachée sous les élytres et sert pour le vol. Les carabes de nos régions ont souvent les élytres soudés ensemble. Ils n'ont de plus pas de seconde paire d'ailes. Ils sont donc incapables de voler et vivent au niveau du sol.

Il y a environ 350 espèces européennes de carabes dont un grand nombre vivent dans nos régions.

Dans ton jardin tu peux trouver des carabes des bois, des carabes dorés et aussi des carabes bronzés.

Ce sont des prédateurs voraces. Ils chassent les insectes, les larves, les vers et les limaces.

Grâce à leurs longues pattes ils courent très vite. Certains carabes peuvent parcourir un mètre en six secondes.

Le carabe doré, aussi appelé sergent ou jardinière, travaille la nuit mais le jour aussi. Les deux autres espèces sont surtout nocturnes.

Epeire diadème

Les épeires sont des araignées très courantes dans nos jardins. Elles se reconnaissent facilement grâce à la croix claire qu'elles portent sur le dos. L'épeire diadème sur la photo a tissé une toile collante. Il lui a fallu près d'une heure pour ce travail. Mais le résultat est très décoratif, surtout le matin lorsque des gouttes de rosée sont accrochées à la toile. Lorsqu'un insecte vient s'y faire prendre, la toile se met à vibrer et l'araignée est immédiatement avertie. Elle pique alors sa victime à mort et l'enroule dans de la soie. Lorsqu'elle a faim elle aspire tout l'intérieur de l'insecte. Il ne faut pas détruire ces toiles. Elle te sera reconnaissante et te récompensera en attrapant des moustiques et des mouches. Toutes les araignées ne tissent pas des toiles. Certaines espèces se contentent de poursuivre leurs proies ou de leur tendre des embuscades. Les piqûres d'araignées sont toxiques. Elles paralysent les insectes mais sont peu dangereuses pour nous. Les seules araignées venimeuses vivent sous les tropiques.
Attention: ne confonds pas les araignées et les insectes: les premières ont huit pattes, les autres, six.

Puceron

Les pucerons sont des insectes qui se nourrissent de sucs végétaux. On en connaît plus de 4.000 espèces dont un grand nombre vivent en Belgique et en France.

Les pucerons freinent la croissance des plantes. Parfois ils provoquent une chute des feuilles ou le dépérissement de la plante atteinte. De plus, ils transmettent des maladies d'une plante à l'autre. Du fait qu'ils se reproduisent très rapidement, il est difficile de s'en débarrasser. Tu peux essayer d'utiliser un mélange d'eau, d'alcool à brûler et de savon noir. Les coccinelles sont aussi très efficaces, car elles s'en nourrissent. Les larves de coccinelles, de syrphes et de gazés les mettent aussi à leur menu.

Tu verras parfois aussi des fourmis tourner autour des pucerons. Elles récoltent en effet le miellat sécrété par ces parasites. Il s'agit d'une substance sucrée dont les fourmis raffolent. Elles élèvent même des "troupeaux" de pucerons qu'elles défendent contre tous leurs ennemis. Dès qu'une coccinelle s'approche trop près des pucerons, elle est immédiatement attaquée par les fourmis et chassée si possible.

Perce-oreilles

Beaucoup de gens trouvent qu'il s'agit d'horribles bêtes. Et pourtant les perce-oreilles, qui sont en fait des forficules, n'ont jamais fait de mal à personne. Les pinces qu'ils portent au bout de l'abdomen les rendent assez effrayants et en cas de danger, ils les dressent vers le haut. Mais ils sont bien trop faibles pour les utiliser. Il y a 900 espèces de forficules existantes.

Leur nom est dû à une croyance selon laquelle ils perceraient les oreilles la nuit. Mais il s'agit d'une légende et s'ils se retrouvent dans une oreille, c'est tout à fait par hasard. Ce sont en fait des animaux très timides qui se cachent souvent dans des fentes ou de petits trous.

Ils partent à la recherche de nourriture la nuit. Ils s'intéressent surtout aux déchets mais mangent également des pucerons et d'autres insectes nuisibles. Ils détruisent parfois des fleurs comme les dahlias en y forant des trous.

La femelle pond en automne et veille tout l'hiver sur ses œufs. Elle s'occupe aussi très maternellement de la cinquantaine de larves qui en sortent.

Escargot

Les escargots ne sont pas les bienvenus dans nos jardins car ils se nourrissent de plantes et détruisent beaucoup.

Un escargot sans petite maison sur son dos est une limace. L'escargot de la photo est très courant dans nos régions. On l'appelle aussi limaçon ou colimaçon.

En cas de danger, il se retire dans sa coquille. De nombreuses espèces peuvent encore en boucher la sortie. Ils sont alors bien protégés contre la sécheresse.

Mais leurs maisons sont parfois ''fracturées''. Les grives raffolent des escargots. Lorsqu'elles n'arrivent pas à les faire sortir de leur coquille, elles cassent tout simplement celle-ci contre une pierre, qui leur sert d'enclume.

Certaines personnes aussi aiment les escargots! L'escargot de Bourgogne ou escargot vigneron, comestible, est le plus gros de nos régions. Il peut avoir 10 à 12 cm de long. Dans certaines régions, il reste très rare. C'est pourquoi, il y est protégé. Le ''petit-gris'' ou escargot chagriné est également recherché pour la cuisine. Les Romains en élevaient déjà pour les manger.

Lombric

Le lombric que tout le monde appelle ver de terre, car c'est là son royaume, sort surtout lorsqu'il pleut fort. Par temps sec, il préfère rester enterré pour que sa peau reste humide et qu'il ne dessèche pas.

Les vers de terre creusent leurs galeries en mangeant la terre. Ils gardent dans leur intestin tous les débris végétaux digestibles et rejettent le reste en petits ''tortillons'' à la surface de la terre. En travaillant ainsi, les vers rendent la terre bien meuble et assurent une bonne aération des racines. Ce sont donc des animaux utiles dans nos jardins.

Les lombrics constituent aussi une vraie friandise pour beaucoup d'animaux. Ils n'ont en effet pas de squelette et sont donc faciles à digérer. Les oiseaux et les taupes ne s'en privent pas. Mais il reste toujours assez de vers de terre car ils se reproduisent très vite. Ils sont hermaphrodites, ce qui signifie qu'ils possèdent des cellules mâles et femelles. Au moment de l'accouplement, deux vers de terre échangent leurs cellules. Les œufs fécondés sont pondus dans le sol dans un cocon bien fermé.

Index

Sources des illustrations:
Arnhem D.: 2, 3, 4, 6, 7, 8, 9, 23, 30; Bruce Coleman LTD / Burton J.: 13; Diapress / De Vocht E.: 1, 5, 18, 21, 25, 27, 29; Michels A.: 11, 14, 17, 19, 20, 22, 28, 31; Press & Pictures / Garot G.: 12; Samyn A.: 15; Vorsselmans F.: 16, 24; Vorsselmans-Verbruggen L.: 10, 26

C.I.P. BIBLIOTHEQUE ROYALE ALBERT 1er

Les animaux de notre jardin/texte de Meindert de Jong; (traduction de Nicole Halleux). - Aartselaar: Chantecler, MCMLXXXV - 32 p.: ill.; 25 cm.
Titre orig.: Dieren in de tuin
ISBN 2-8034-1220-9
Public concerné: Information jeunesse
CDU 636
Mot(s) sujet(s): Animaux domestiques